BIBLIOTHÈQUE ORIENTALE ELZÉVIRIENNE

LVI

---

# LES RACES

## ET

# LES LANGUES DE L'OCÉANIE

LE PUY. — IMPRIMERIE MARCHESSOU FILS

# LES RACES

## ET LES

# LANGUES DE L'OCÉANIE

PAR

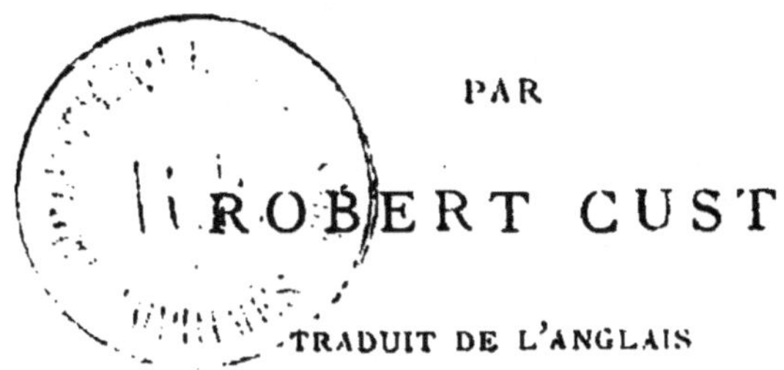

## ROBERT CUST

TRADUIT DE L'ANGLAIS

PAR A. L. PINART

PARIS

ERNEST LEROUX, ÉDITEUR

28, RUE BONAPARTE, 28

—

1888

# LES RACES

## ET

# LES LANGUES DE L'OCÉANIE

—

Les anciens géographes croyaient qu'il y avait au sud de l'Océan indien un vaste continent qu'ils appelaient Antikthón. Les navigateurs avaient rencontré dans l'Archipel indien des îles tellement éloignées les unes des autres que l'on croyait qu'il existait une terre continue. L'idée survécut jusqu'en 1563 A. D., car quand Mendaña, neveu du vice-roi espagnol du Pérou découvrit les Iles Salomon il les appela Tierra Australis croyant avoir trouvé

un nouveau continent. Les découvertes
postérieures ont dissipé toutes ces idées,
mais une nouvelle région a été ajoutée
au catalogue descriptif du monde : cette
nouvelle région appelée Océanie et c'est
de son sujet que nous nous proposons de
traiter.

Quelles sont les limites de l'Océanie ?
On l'a appelée parfois Australasie comme
étant une extension méridionale de l'Asie
et comprenant la grande île-continent,
l'Australie. Mais comme c'est une région
insulaire située dans les eaux du Pacifique, le nom d'Océanie est mieux en rapport. A certaines exceptions près dont
nous parlerons plus loin, elle est située
au sud de l'Équateur et au nord du tropique du Capricorne. Estimée à sa superficie exacte en terres, elle est seulement un
peu plus grande que l'Europe ; estimée
suivant la surface que ses îles occupent
sur la carte du monde, son étendue est
plus grande que celle de l'Asie puisqu'elle
s'étend depuis l'Australie à l'ouest jusqu'à
l'Ile de Pâques à l'est, et depuis les Iles

Sandwich au nord de l'Équateur jusqu'à la pointe méridionale de la Nouvelle-Zélande. La Malaisie est exclue de cette région comme étant partie de l'Asie et ayant participé à sa civilisation. On peut dire de l'Océanie, dans sa totalité qu'elle est restée en dehors des influences de la civilisation asiatique, de ses religions et de ses langues. On peut la diviser en quatre sous régions :

I. Polynésie;

II. Mélanésie;

III. Micronésie;

IV. Australie.

La sous-région de la Polynésie s'étend depuis l'Ile de Pâques dans l'extrême est jusqu'au groupe de Tonga : de la longitude orientale de 110° à la longitude orientale de 175° et des Iles-Sandwich à 25° nord de l'Équateur à la Nouvelle-Zélande à 45° au sud de l'Équateur. Les principaux groupes sont ceux de la Société ou Géorgien, de Harvey ou de Cook, des Marquises, de Sandwich, de l'Union, des Samoa, de Tonga et de Maori. Le nom-

bre des îles est considérable et la beauté
du paysage ainsi que la fertilité du sol
sont notoires. On peut dire que l'existence de ces îles a été certifiée par Tasman en 1645 et par Bougainville en
1768; mais elle ne furent pour la première fois plus spécialement décrites que
par le capitaine Cook dans le premier
voyage célèbre qu'il fit et durant lequel il
visita Tahiti dans le but d'y faire des ob-
servations astronomiques, et dans son
dernier voyage durant lequel il découvrit
les Iles-Sandwich ou d'Hawaï où il périt.

Depuis lors ces îles ont été visitées à
maintes reprises. Le gouvernement français mit la main sur les groupes de la
Société, de Paumotou, et des Marquises.
Les îles Sandwich sont sous le double
protectorat de l'Angleterre et des États-
Unis. Le groupe de Samoa se maintient
dans une indépendance précaire sous le
protectorat de l'Angleterre, des États-
Unis et de l'Allemagne. Les autres groupes sont pour le moment indépendants,
mais dans ces temps d'annexion éhontée

il est impossible de prévoir combien de temps cela peut durer. Ni l'Autriche, ni l'Italie, ni la Russie ne se sont prises à annexer d'une manière sérieuse jusqu'à présent. Une chose est certaine, c'est que de toutes parts dans cette région, comme conséquence de la civilisation européenne, les liqueurs énivrantes et les maladies honteuses amenées par les marins, la population disparaît et sera bientôt entièrement éteinte. Seules les montagnes et les vallées resteront en la possession de l'envahisseur et du saccageur européen.

Une influence importante a été en travail depuis le commencement : un nombre considérable de la population, on peut le dire, est chrétien de nom, et a certainement abandonné les anciennes coutumes mauvaises de leurs ancêtres. Les groupes des Marquises et de Paumotou sont principalement catholiques romains : les petites îles Wallis et Horne *alias* Foutouna le sont entièrement ; les autres sont protestantes, ayant été converties par les enseignements de la *London missionary society* et de la *Wesleyan missionary society*. On ne peut trouver une page plus fascinante dans l'histoire des missions protestantes. Le travail n'était pas facile, mais le fait extraordinaire est qu'au fur et à mesure que chaque habitant des îles était converti, des instructeurs indigènes se trouvaient prêts à aller de l'avant et à se rendre parmi leurs voisins payens : c'est ainsi que graduellement chaque île était conquise pour le Christ, mais dans chacune d'elle se trouve la tombe de martyr du premier chrétien qui était souvent tué, généralement maltraité et quelquefois dévoré avec sa femme et ses enfants. Les travaux de ces dévoués Polynésiens n'étaient pas contines à leur propre race et à leur langue : on les a trouvés prêts, et cela jusqu'à ce jour, à se rendre en Mélanésie, parmi les races noires des îles Loyalty, de la Nouvelle-Calédonie, des Nouvelles-Hébrides et finalement dans la Nouvelle Guinée où en ce moment même, ils risquent gaillardement leur vie en laissant de côté le confort ordinaire de la civilisation. C'est un phénomène remarquable et un étonnant témoignage du pouvoir revivifiant et réconfortant de l'idée religieuse transportée chez des races vierges et non corrompues par la civilisation.

On peut accepter comme un fait que les langues de toutes ces îles innombrables de la Polynésie sont des langues sœurs appartenant à une même famille et descendant d'une langue mère commune. En parler ordinaire, on les appelle des *dialectes*, mais il y a un certain nombre de langues distinctes, mutuellement incompréhensibles : l'assertion que le naturel d'un groupe peut toujours se faire comprendre facilement des naturels d'un autre groupe, n'est pas confirmée par l'expérience et la meilleure preuve en est, qu'avec une dépense considérable d'efforts et d'argent, la Bible a été traduite et imprimée dans les langues de Tahiti, de Rorotonga, des îles Harvey, des Marquises, de Samoa, de Niue ou Savage islands, de Tonga, d'Hawaï ainsi que dans la Mao-

rie de la Nouvelle-Zélande. Une comparaison de ces différents textes convaincra
le premier venu de la diversité de chaque
forme de langue : il y en a aussi qui
tombent au degré de dialecte de l'une ou
l'autre des langues des îles ci-dessus indiquées. C'est une théorie favorite de
certaines personnes que la famille linguistique Polynésienne est apparentée à la
famille Malaise. Une très grande autorité,
von Humboldt, d'après les informations
qu'il avait en 1830, l'a dit et l'on s'incline
devant son autorité. Maintenant nous
avons de bien meilleurs moyens de comparaison. On admet qu'une certaine quantité de mots empruntés se rencontrent
mais sans dépasser quatre pour cent,
tandis que les langues diffèrent radicale-
ment autant dans leur structure que dans
leur vocabulaire. Il n'y a aucune difficulté
à se rendre compte de cette différence en
faisant une comparaison minutieuse d'un
Évangile dans deux de ces langues.

Les traits caractérisques de la famille des
langues polynésiennes sont les suivantes :

L'adjectif suit le substantif ; le nombre est indiqué par un changement dans l'article ; le pronom possessif précède le nom ; le nominatif suit le verbe ; le temps est indiqué par une particule qui précède ; il n'y a pas de genre grammatical ; la voix passive est formée par un suffixe ; l'intensité et la continuité d'une action sont indiquées par un préfixe et la réduplication ; le causatif est affecté d'un préfixe ; la réciprocité d'action est indiquée par un préfixe et un suffixe et après, aussi par une réduplication des mots ; les mots finissent toujours par une voyelle. La langue est parlée avec une très grande exactitude grammaticale ; le vocabulaire est suffisant pour l'expression de toute idée. Il y a généralement un langage cérémonieux en usage parmi les chefs et pour s'adresser à eux. Les mots composant le nom d'un chef ne sont plus employés durant sa vie et quelquefois même après sa mort. Une littérature considérable s'est développée dans plusieurs de ces langues et d'excellents dictionnaires et grammaires existent et cela du fait des travaux des missionnaires.

A quelle race humaine appartiennent-ils? Permettez-moi d'abord de décrire leur aspect, le même type, plus ou moins modifié s'appliquant à toute la région. Leur couleur est bronzée; leur taille grande; beaux et agréables d'aspect, hospitaliers et doux, avec une certaine connaissance artistique; navigateurs excellents; possédant en abondance des légendes orales et des chants, mais sans aucune connaissance de l'art de l'écriture; adonnés à la licence, cannibales dans beaucoup d'îles, idolâtres avec, à l'occasion, des sacrifices humains dans toutes, cruels dans leurs querelles, massacreurs de leurs enfants. Avec la loi chrétienne la plupart de leurs mauvaises coutumes, une partie de leur énergie et de leur caractère et leur capacité pour les chants ont disparu.

Une littérature considérable s'est formée sur l'origine du peuplement de toute l'Océanie. Quatre théories ont été proposées : I. Qu'un vaste continent occupait autrefois l'espace, disparu, et les îles sont les sommets des hautes montagnes; II. que la portion orientale a été colonisée par le Sud-Amérique ; III. que la région toute entière a été colonisée par l'Asie, IV. que la Nouvelle-Zélande a été le berceau d'une nouvelle race autochtone, la race Maorie, qui s'est répandue sur les Iles Orientales et aussi loin vers le Nord que les Iles Sandwich. Cela laisse évidemment l'origine des Australiens, Mélanésiens et Micronésiens entièrement inexpliquée. L'ingénieux Français qui a développé cette théorie dans ces dernières années, a un mépris particulier pour ceux qui, même avec peu de conviction, adhérent encore à l'idée généralement reçue de l'origine commune de l'espèce humaine. En fait, dans les limites de l'Océanie, il y a trois races séparées distinctement marquées : la bronzée, la noire à cheveux laineux, qui occupe la Mélanésie, la noire à cheveux lisses qui habite l'Australie. Aucune des trois dernières théories ne répond à la question et celle du continent submergé nous fait remonter le problème jusqu'à une époque encore plus éloignée ; car, lorsque nous avons compris l'idée physique d'un continent, nous avons encore à connaître l'origine de la race qui le peuplait et à savoir comment il se fait que cette race était divisée en trois.

Ceux qui ont mis en avant l'idée de l'origine Aryenne des Polynésiens, n'ont pas manqué. Le grand grammairien, Bopp, a donné l'exemple, mais il a été considéré, même par ses plus chauds admirateurs, comme s'étant trompé. Depuis lors, d'autres, avec une connaissance moins technique, et bien moins de renommée, ont essayé de marcher dans la même route hasardeuse, mais la conception du Maori-Aryen, ou d'une langue aryenne dans un état d'existence agglutinatif n'a pas trouvé d'acceptation favorable.

Je continue dans la région de la Mélanésie. D'autres noms ont été employés par les auteurs anciens, mais les géographes enfin commencent à s'occuper de sa terminologie. La colonie anglaise de Fiji est sur sa partie orientale extrême, et une chaîne d'îles s'étendant en demi-cercle, jusqu'à la grande île de la Nouvelle-Guinée, ainsi que quelques îles plus petites que l'on distingue difficilement des îles adjacentes de la Malaisie en Asie la composent. La région s'étend du tropique du Capricorne jusqu'à l'Équateur en latitude et de 170° à 138° de longitude est de Greenwich. Heureusement les groupes d'îles sont bien indiqués, et nous pouvons procéder, suivant la géographie, avec une certitude absolue, et, suivant la linguistique, avec une certitude relative, en raison des travaux des différentes sociétés missionnaires. Les habitants appartiennent évidemment à une race, de couleur noire, à cheveux laineux, de taille petite, fière et inhospitalière, inhabile à la navigation, et d'un type peu élevé de culture. Extraordinaire comme est le phénomène de l'unité absolue des langues de la Polynésie, plus extraordinaire est encore le phénomène de la multiplicité et de l'entière dissimilarité des langues de la Mélanésie. Chaque île a la sienne et beaucoup en ont plusieurs. Il est possible que le degré de dissimilarité soit exagéré, et plus tard, quand nous aurons en main des matériaux de comparaison plus complets, nous pourrons peut-être découvrir certaines affinités de structure. On a déjà fait beaucoup. Des grammaires, des dictionnaires, des notes grammaticales, des vocabulaires, des textes ont été publiés, mais généralement par des personnes plus aptes à recueillir et à noter des langues individuelles qu'à systématiser les groupes. Cependant, dans certaines îles, et notamment en Nouvelle-Calédonie, en Nouvelle-Guinée et dans l'archipel de Bismark on a besoin de faits. Les conditions de cette région sont si particulières que je pense qu'il vaut la peine de donner les groupes qui la composent en détail.

I. — Le groupe de Fiji, consistant en nombreuses îles de l'Archipel de Fiji et des îles de Rotuma. Les langues de ces deux groupes sont entièrement distinctes et ont été bien étudiées. Il y a de nombreux dialectes de la langue de Fiji.

II. — Les îles Loyalty consistant en trois petites îles : Mare, *alias* Nengone, Lifu et Ouvea. Les langues de ces trois îles sont si distinctes que les missionnaires, bien qu'appartenant à la même société, ont reconnu la nécessité de préparer trois traductions distinctes de la Bible; bien plus à Ouvea, en dehors des naturels Mélanésiens, il existe une colonie florissante d'émigrants Polynésiens venus de l'île du même nom en polynésie, et connue sous le nom d'île Wallis. Ceux-ci ont conservé leur propre langue.

III. — Le groupe de la Nouvelle-Calédonie comprend la grande île de ce nom et l'ile minuscule, appelée île des Pins. Jusqu'à présent je n'ai pu obtenir une liste complète des noms des langues de la plus grande île, mais il paraît y avoir au moins sept variétés. Il n'existe, en effet, aucune note grammaticale, mais seulement de courts vocabulaires ou de courtes allusions. J'ai écrit à un savant prêtre catholique, à Nouméa, lui demandant de nouveaux détails.

IV. — L'important groupe des Nouvelles Hébrides vient ensuite avec ses seize langues, recueillies jusqu'à présent et un nombre d'îles beaucoup plus considérable. Quelques îles sont occupées entièrement par des émigrants polynésiens et leurs langues étant polynésiennes et non mélanésiennes ne sont pas comprises ci-dessous :

1. Aneitum.
2. Tanna.
3. Erromanga.
4. Fate, ou île Sandwich.
5. Nguna, ou île Montague.
6. Mae, ou île Three hills.
7. Tongoa.
8,9. Api, Tasiko, Lemororo.
10. Pama.
11. Ambyn.
12. Malli collo.
13. Whitsuntide ou île Pentecôte.
14. Espiritu santo (2 dialectes).
15. Leper's island.
16. Aurora (Maiwo).

Nous avons des grammaires, des dictionnaires, des vocabulaires, des notes grammaticales et des textes de beaucoup de ces langues. La nécessité de préparer des traductions distinctes de la Bible prouve l'entière dissimularité de la langue des naturels vivant souvent à la vue des demeures l'un de l'autre, mais n'ayant que peu ou pas de communications entre eux.

V. — Le groupe des îles Banks nous donne les noms mais guère plus que les noms de neuf langues.

1. Merlaw ou île Star;

2,3. Santa Maria, Gog, Laku;

4. Vanua Lava, ou la grande Banks. I. (11 dialectes);

5. Mota ou île Sugarloaf;

6,7. Motlao ou île Saddle. I (2 langues);

8. Rowa.

9. Norbarbar, ou île Bligh.

Mota est une notable exception : en raison d'un simple hasard, de ce qu'un missionnaire avait ouvert une école d'apprentissage sur l'île Sugarloaf, la langue de Mota est devenue la *lingua franca* de la région et les jeunes garçons qu'on y instruit, en dehors de la langue spéciale de leur patrie, apprennent le lien commun d'instruction et de communication sociale. Dans cette langue nous avons des matériaux grammaticaux suffisants.

VI. — Les trois petits groupes des îles Torres, Santa Cruz et Swallow nous donnent quatre langues très imparfaitement connues : la langue Lo du premier groupe, deux langues du second groupe et une du troisième groupe.

VII. — Dans l'important groupe des Iles Salomon, je trouve dix langues :

1. San Christoval (deux dialectes);
2. Alawa;
3. Malanta (quatre dialectes);
4. Guadalcanar (trois dialectes);
5. Florida;
6. Savu;
7, 8. Isabel, Bugotu, Gao;
9. Nouvelle Géorgie;
10. Ile Eddystone.

Nous avons un rudiment de connaissance de certaines de ces langues : de quelques autres nous avons des textes, des vocabulaires et des notes grammaticales. Notre connaissance s'accroit chaque année.

VIII. — Le groupe de l'Archipel appelé Bismark est composé des îles de la Nouvelle-Bretagne, du duc d'York, du Nouveau-Hanovre et de l'île Amirauté. De la langue des deux premières, nous avons des traductions et des portions de la Bible ; des trois dernières, nous n'avons que des vocabulaires incomplets.

IX. — Le groupe de l'Archipel de la Louisiade est représenté par le vocabulaire d'une langue.

X. — Le groupe de la Nouvelle-Guinée et de ses îles. Cette partie est en comparaison une *terra incognita*. C'est seulement durant les dernières six années qu'on a essayé une exploration suivie de ce pays. Environ soixante-cinq langues sont notées, mais seulement six sont représentées par des documents sérieux : Mafour dans la baie de Geelvinck au territoire hollandais, Motu et Dahuni au South Cap sur la côte sud, dans le territoire britannique et les langues des îles Murray et Sabai. Les autres sont représentées par des vocabulaires recueillis par des voyageurs peu scientifiques, ou d'après des notes fondées sur des rapports hazardés. Les nuages se lèvent cependant; surtout un peu dans le territoire britannique ou des progrès notables ont été réalisés; de même dans les parties hollandaises et allemandes. Nous trouvons les langues de la côte regardant la Malaisie affectées par les influences malaises et celles des côtes regardant la Polynésie aussi sous l'influence des affinités polynésiennes. Cela développe un champ de discussion infini et une grande différence d'opinion; d'autre part, les documents sont insuffisants. L'opinion d'un écrivain allemand distingué, Dr Fried. Müller, est contestée par un savant connu, le professeur Kern, et les théories avancées par le Dr Codrington, qui, seul parmi les Anglais connaît mieux les questions, sont renversées par le professeur George von der Gabeleuz qui a hérité de son père, l'illustre savant et acquis par ses propres travaux une haute position parmi les linguistes de l'Europe. En Nouvelle-Guinée, il y a sans aucun doute, deux races, une noire et une brune : quelques-uns maintiennent même qu'il existait une troisième race qui aurait laissé jusqu'à présent quelques traces. Ces races se sont mélangées et ont formé un nombre considérable de variétés. Les deux races se rencontrent environ sur le méridien du Cap Possession, sur la côte méridionale; mais, nous ne connaissons absolument rien de l'intérieur de l'île. Personne en effet, n'a traversé jusqu'à présent l'île de mer à mer et les différents essais ont été faits en vain.

Ici finit le détail des langues mélanésiennes. On admet, tout en faisant des réserves pour leurs différences, qu'elles sont homogènes et qu'elles appartiennent au type général de l'Océanie : qu'elles ont beaucoup emprunté aux types externes, mais que les emprunts ont été faits d'un type allié et non étranger. L'essence primitive de ces langues n'a pas été empoisonnée par un mélange étranger qui ne peut être tracé immédiatement à sa source

et enlevé comme une tâche sur un vêtement. La caractéristique des langues
mélanésiennes est, qu'elles emploient les
consonnes beaucoup plus facilement que
les Polynésiens, qu'ils ont certains sons
que l'on ne rencontre pas chez ces derniers et qui sont difficiles à transcrire.
Beaucoup de syllabes sont muettes. Il n'y
pas de différence entre l'article défini et
indéfini, si ce n'est en Fijien. Les noms
sont divisés en deux classes, avec ou sans
le suffixe pronominal et le principe de
division est le degré plus ou moins proche
de possesseur et possédé : par exemple,
les parties du corps d'un homme pren-
dront le suffixe, mais non pas un article
possessif employé pour l'usage vulgaire.
Le genre est seulement sexuel. Beaucoup de noms représentent indistincte-
ment le nom, l'adjectif ou le verbe, sans
changement, mais quelquefois un nom
est indiqué par une préposition sans aucun
autre changement. Les cas sont indiqués
par des particules préfixées. Les adjectifs
suivent les substantifs. Les pronoms sont

nombreux et les pronoms personnels ont quatre nombres, le singulier, le duel, le trial et le pluriel aussi bien inclusifs qu'exclusifs. Presque tous les mots peuvent être employés comme verbes par l'adjonction d'une particule. La caractéristique commune de tout, est d'indiquer le mode et le temps et, dans certaines langues, la personne et le nombre, par des particules affixées. Ces particules varient dans les différentes langues : elles ont une forme causative, intensive, fréquentative et réciproque.

Nous n'avons connaissance d'aucune légende. Les gens sont cruels, cannibales et rancuneux, mais ils ont été, il est vrai, traités d'une manière cruelle par les Européens et ils sont justifiés dans leurs sentiments de revanche.

J'ai déjà fait remarquer que dans l'aire géographique de la Mélanésie il y a plusieurs colonies polynésiennes : comment elles sont arrivés dans ces parages est facile à imaginer. Une tempête ou une querelle de tribu peuvent en avoir été la

cause, et plans deux cas à Ouvea des îles
Loyally et Foutouna des Nouvelles-Hébrides, le nom et la langue indiquent plei-
nement les îles dont les émigrants sont
sortis : Ouvea ou îles Wallis et Foutouna
ou île Horne sont situées à l'ouest des
îles des Navigateurs. Mais dans les Nouvelles-Hébrides, les îles d'Aniwa et une
portion de l'île de Maï, les petites îles de
Mel et de Fil et dans les groupes plus
septentrionaux les îles Duff, Swallow,
Tucopia, Cherry, Reynell et Bellona,
Onlong Java et Leneneowa, sont occupées par des habitants dont la langue indi-
que l'origine. Le sang polynésien est
quelquefois entièrement pur : quelquefois
aussi la mère polynésienne brune emme-
née en captivité par les sauvages noirs a
produit une race métisse. Quelquefois la
couleur brune a entièrement disparu et
la langue polynésienne est parlée par des
gens entièrement noirs mélanésiens.

Je m'adresse maintenant à la troisième
région, la Micronésie ; cette région occupe
une large superficie, depuis le 3o° au 18o°

degré de longitude est du 20º latitude sud
jusqu'à l'Équateur, mais elle comprend
des groupes d'îles absolument sans im-
portance. Chose assez singulière, ces îles
sont extrêmement peuplées et ont échappé
jusqu'à présent aux mauvaises choses de
la civilisation : l'esclavage, le vol des
hommes, les débits de liqueurs et les maladies infectieuses. La population est douce
et sociable et n'a jamais participé au cannibalisme ou aux sacrifices humains.
Quatorze langues seulement sont notées :
parmi celles-ci cinq sont représentées par
des traductions de la Bible : le reste par
des vocabulaires : aucune par des grammaires. Si nous nous rendons à l'est des
confins de la Malaisie nous rencontrons
Tobi ou l'île de Lord North et plus loin les
îles Pelew auxquelles le prince Le Boo,
dans le siècle dernier, a donné une noto-
riété; de là aux îles Ladrones ou Marian-
nes dans lesquelles nous avons raison de
croire que toutes les langues naturelles
ont disparu et qu'une des langues des
Philippines est aujourd'hui employée à

leur place. Nous avons des vocabulaires recueillis par des voyageurs ou des marins naufragés. Au sujet du groupe plus important des îles Carolines nous avons des renseignements sur six langues dont quatre sont représentées par des vocabulaires : Jap, Mackenzie, *alias Uluthi*, Ualan et Satawal, et deux par des textes : Ponape et Kusai : nous ne savons rien de leur relation de l'une à l'autre. Si nous continuons vers l'est, nous rencontrons les îles Mortlock dont la langue est représentée par un texte et plus loin les îles Marshall, connues sous le nom des îles Radak et Ralak desquelles une langue se trouve représentée, la langue Mille, par un vocabulaire et la seconde la langue Ebon par un texte. Si nous allons vers le sud nous rencontrons le groupe des îles Kingsmill ou Gilbert dont une langue sans nom spécial est représentée par un texte; une langue Tarawan a été notée et possède un vocabulaire, mais il est possible qu'elle soit identique à la précédente. Une des îles du groupe Union a été colonisée par les micronésiens. Ceci complète notre connaissance de cette région.

Les points caractéristiques de ces langues sont à peu près les mêmes que ceux de la famille polynésienne. Des syllabes rapprochées sont communes et souvent l'on emploie des consonnes doubles avec une faible aspiration entre les deux ; l'accent tombe généralement sur la pénultième. Dans certaines des langues il n'y a pas d'article, et quand il existe, il est placé après le nom. Le genre est exclusivement sexuel. Le nombre se comprend de la lecture de la phrase, ou est exprimé par un nom pronominal ou un numéral. Le cas est indiqué par la position ou la postposition. A Ebon une classe de noms prend un suffixe pronominal qui lui donne l'apparence d'une inflexion : Cette manière de faire se rapporte à une parenté rapprochée. Les mots peuvent être employés comme noms, adjectifs ou verbes, sans changement de forme. Dans certaines langues le pronom personnel peut être singulier, duel au pluriel : dans d'autres, il y a des formes spéciales pour le duel. A Ebon il y a des formes particulières inclusive et exclusive du pronom personnel. Les verbes n'ont pas d'inflexion pour exprimer les modes, les voix et les temps, mais font usage de particules. A Ebon cependant les temps sont indiqués d'une manière spéciale. Il y a des formes causatives, intensives et réciproques du verbe. Des mots d'usage cérémonieux sont employés dans certaines langues : il y a aussi des mots spéciaux pour les fonctions religieuses. Les syllabes qui sont employées dans les noms des chefs tombent en désuétude.

La quatrième région d'Océanie, l'Australie présente des phénomènes absolument différents de ceux déjà décrits. Parmi ses deux subdivisions, l'une, la Tasmanie, a perdu sa position aux yeux du monde linguistique, puisque les derniers indigènes sont morts, et que les rares matériaux sur leur langue et leurs dialectes ne sont plus que d'un intérêt archéologique ; qu'au fait, aucun texte n'est parvenu jusqu'à nous pour nous montrer ce qu'était la langue. Dans la seconde subdivision, les mêmes causes sont à présent à l'œuvre et conduiront probablement au même résultat. La civilisation européenne doit avoir le pas, soit en détruisant la race, soit en oblitérant la langue. On suppose qu'environ soixante mille naturels vivent encore dans différents recoins de cette vaste île-continent, et il est probable que ce nombre surpasse celui des Polynésiens; mais les voisins des Australiens sont des plus mauvais. Même le missionnaire manque pour prendre soin de ce malheureux troupeau si effaré et si dispersé.

Beaucoup d'hommes et de femmes de cœur peuvent parler les langues de Samoa ou de Fiji, d'Aneytyúm ou de Mota, mais aucun d'entre eux ne parle une langue australienne. Là où le missionnaire fait son œuvre, il le fait en langue anglaise. Dans la Nouvelle-Guinée, notre connaissance des tribus et des langues est incomplète, pour cette raison que l'intérieur n'a pas été exploré, mais la totalité de l'Australie a été occupée, et les naturels mis de côté ou expédiés en dehors de ce monde.

Si nous pouvons ajouter foi aux personnes qui nous informent, les moyens d'immoralité diffèrent ici de ce qu'ils sont dans les autres parties du monde. Si un Européen se marie avec une naturelle de l'Afrique ou de l'Asie, une race mixte en est le résultat, race presque toujours chrétienne et certainement supérieure en culture aux simples naturels. Mais, en Australie, la malheureuse femme rendue mère par un Européen, retourne à sa tribu avec son enfant, et de là sont sorties des races mixtes plus sauvages, plus osées et plus cruelles que celles de leurs parents maternels. C'est de cette manière que les chiens croisés de loups ont pris leur existence. On assure, avec certaine chance de probabilité, que toutes les langues de l'Australie proviennent d'une même origine aussi bien que les tribus. Une liste bien étendue de quatre-vingt-deux langues diverses et tribus se trouve dans l'*Australasia* de Wallace et, en terme généraux, ils sont désignés en région ; mais les naturels de l'Australie comptent pour si peu, le berger naturel vaut tant de fois moins que le mouton, que l'idée de préparer une carte linguistique de l'Australie n'a jamais germé dans le cerveau de personne. Une traduction d'un Évangile a été imprimée dans la langue Narringeri, mais l'édition est épuisée, et il n'y a pas de demande pour une nouvelle édition. Je n'ai pu m'en procurer un exemplaire. Quelques grammaires et vocabulaires ont été composés, et en général, des livres sur la philologie ; une analyse de ces documents passe pour une revue des langues de l'Australie, mais il m'est impossible de me rendre compte, d'une manière aussi claire et aussi pleine d'espoir du problèmes des langues de l'Australie, que de celles de la Nouvelle-Guinée, malgré toutes les difficultés et le peu de connaissance que nous avons de ces dernières.

Si nous venons à comparer les preuves de l'unité des langues comme famille, nous trouvons une concordance générale dans le phonétisme indiquée par le rejet unanime des sifflantes. Il y a un certain nombre de mots communs primordiaux, tels que ceux des membres du corps, d'objets d'utilité générale ainsi que les pronoms personnels. Nous trouvons partout une conception imparfaite du nombre et l'usage uniforme du même mot pour « *deux* ». Nous trouvons dans toutes le duel, les suffixes et les doubles termes pour le même objet. D'autre part il y a des différences considérables dans le vocabulaire des tribus voisines. Nous ne pouvons pas oublier qu'au temps de la dernière génération on parlait des langues africaines comme si elles étaient une : aujourd'hui nous savons mieux. La théorie d'une connexion entre la langue australienne type et la langue dravidienne du sud de l'Inde peut être considérée comme problématique et certainement prématurée. Toutes les langues connues sont agglutinatives : elles n'ont ni pronom relatif, ni article mais seulement un genre sexuel. L'accent tombe généralement sur la pénultième. Il y a un usage très développé de mots onomatopiques. La perfection de la langue comme langue est en contraste avec la dégradation barbare d'une nation comme nation ; mais cela n'est pas un phénomène rare dans la science philologique. La construction des phrases est très compliquée : certaines d'entre elles ne peuvent être traduites littéralement et il est nécessaire de les paraphraser. Il est beaucoup à regretter que l'étude de ces langues ait été tellement négligée puisque les Australiens occupent conjointement avec les Buschmans du sud de l'Afrique, les derniers degrés de l'échelle de la culture humaine et que l'arrangement logique de la pensée, représentée par la forme des mots et le cadre des phrases, nous donnent un aperçu si intime de la manière d'opérer de l'esprit humain : ainsi seulement il nous serait possible d'arriver à l'origine du langage.

La race d'hommes de l'Australie est aussi isolée du reste du monde que la faune et la flore de la région. Ils diffèrent dans leurs caractères physiques et ils ont des cheveux noirs frisés mais non laineux; leurs qualités mentales sont sensiblement inférieures à celles des autres races sauvages : leur peau est noire et laisse échapper une odeur désagréable : ce sont de grands chasseurs, et quelquefois ils font preuve d'un certain talent par des dessins grossiers ; ils étaient cannibales plutôt par goût que par nécessité ; ils ignorent entièrement l'emploi de l'arc et de la flèche, mais ils ont la spécialité du boumerang et du bois de jet : ils n'avaient aucune autre religion que celle des esprits et des démons. Il est certain qu'un grand effort doit être fait pour donner une connaissance parfaite des langues de l'Océanie et je puis seulement répéter, ce que j'ai souvent écrit auparavant, que jusqu'au moment où des matériaux exacts sur toutes les langues du monde auront été recueillis et comparés, toute espèce d'étude sur l'origine des langues est absolument prématurée. Les spéculations sur les affinités de ces langues de l'Océanie avec celles du reste du monde paraissent être hasardées puisque nous n'avons aucun document écrit pour nous guider. L'existence de la langue anglaise comme langue générale de l'île Pitcairn aurait présenté une énigme indéchiffrable et un point fertile en discussions sous le rapport philologique si l'épisode des révoltés de la Bounty n'avait pas été un point d'histoire. Bien des révoltes, bien des tempêtes et des naufrages ont contribué, pour leur part, au peuplement de ces îles durant tout le temps des époques préhistoriques ; mais, les hommes hardis qui ont fondé les nouvelles colonies sont pareils à ceux qui vivaient avant Agamemnon. Même dans ces derniers temps les résultats du travail des instincts commerciaux ont été merveilleux. Les îles de la Mélanésie avaient autrefois une quantité considérable de bois de sandal et elles peuvent encore fournir d'une manière presque inexhaustible la « *bêche de mer* ». Le bois était demandé par les Chinois pour les cérémonies dans leurs pagodes et la bêche de mer pour l'amour de leur ventre ; les Anglais et les Américains, de leur demeures éloignées, étaient les agents de ce commerce dégradant. Il existe encore un patois anglais connu sous le nom de « *bêche de mer English* » et c'est bien amusant de lire dans la relation d'un Français de la Nouvelle-Calédonie qu'il avait été obligé pour communiquer avec les naturels d'employer ce patois de choix dans lequel les Français sont désignés sous le nom de « wee wee » (oui oui) et Dieu comme « a big fellow » (un grand personnage) ces deux termes étant employés de bonne foi et avec un profond respect. Les Anglais sont connus sous le nom de « Dimdims » en raison de la récurrence dans leur langue du juron national et il est un fait curieux à noter, c'est que Froissart, dans son récit de la bataille d'Azincourt en 1405, décrit les

Anglais sous le terme de « Goddams ». Le système colonial français est de faire employer partout la langue française comme signe de dépendance mais ils auront en Océanie une lutte inutile contre l'anglais qui, dans sa liberté des biais de l'inflexion grammaticale, du genre et du nombre et par sa facilité à s'assimiler les mots étrangers, aura l'avantage. L'évêque Selwyn (l'aîné) avait l'habitude de dire que les premiers mots européens connus dans les Nouvelles-Hébrides étaient « bishop » (évêque) et « tobacco » (tabac). L'instructeur dans ce siècle se trouve partout. On ne peut guère s'attendre à ce que les langues sur le point de disparaître de ces races disparaissant elles-mêmes, pourront survivre à la pression de la langue générale du grand monde extérieur, l'anglais, qui par la génération prochaine, sera parlé par des centaines de millions d'individus de toutes races, de toutes couleurs, de toutes religions et de toutes nationalités, dans toutes les parties du monde.

Pour le présent les différentes langues de la Polynésie, de la Mélanésie et de la Micronésie servent de véhicule à une littérature considérable soit religieuse soit servant à l'éducation. Tous les petits livres d'histoire et les ouvrages de dévotion y compris les vies des Saints et les hymnes évangéliques trouvent leur chemin jusque dans les formes des langues de l'Océanie. Il est à craindre que la langue littéraire éphémère, qui se fabrique ainsi entre les mains d'apprentis pressés et sans critique, d'hommes de bonne foi et intelligents, ne soit pas propre à donner une idée de la simplicité de la forme du discours qui sortait sans etre restreinte de la bouche du peuple. On aurait pu désirer qu'on aît recueilli verbalement plus de légendes et d'histoires de la bouche du peuple réuni en conversation sociale, que de faire des traductions d'un livre écrit dans une langue d'un type absolument différent et transportée dans une autre, embarrassée d'interprétations théologiques et de préjugés. A moins que le traducteur n'ait saisi

le vrai génie de la langue, non pas seulement la forme du mot existant aujourd'hui, mais sa faculté non développée
de fournir de ses ressources plastiques
des expressions pour les nouvelles idées, il
est à craindre que des phrases nouvelles
et antipathiques, des locutions, et même
des formes grammaticales, aient été introduites par un seul traducteur, travaillant dans son bureau avec l'aide de deux
catéchistes élevés dans sa propre école, et
non exposé aux critiques d'une audience
indépendante ou aux attaques passionnées de la presse publique. Quel aurait été
le sort de l'Hindi et de l'Ourdoo si on les
avait abandonnés au juge anglais dans ces
compositions extravagantes appelées « Décrets, » et à son écrivain des « procèsverbaux » On rapporte que les hommes
d'un certain âge en Océanie conversent
entre eux dans une langue que ne comprennent pas plus leurs enfants élevés
dans l'école de la Mission que les mots
d'une vieille femme de l'île de Man ne
sont compris par ses petits enfants dans
les écoles où l'on parle anglais.

Toutes ces îles sont de formation soit volcanique, soit coralline. De quelque partie du monde que soit venue la vague de sa population, par mer elle doit être arrivée ; et, il n'y a aucune difficulté à se rendre compte comment un navire pourrait traverser toute la distance qui sépare la Nouvelle-Guinée de l'île de Pâques, sans être plus de cinq ou six jours sans voir la terre. Même maintenant, des canots accomplissent des voyages presque incroyables. Par la route de mer, à leur temps, arrivèrent les explorateurs qui révélèrent les secrets de ces régions cachées de l'Océan, les missionnaires qui vinrent apporter la lumière à ceux qui restaient dans l'obscurité, les marchands qui apportèrent la liqueur-poison pour détruire ces races, les planteurs qui vinrent voler le corps des hommes et en dernier lieu, les agents des gouvernements européens qui vinrent annexer ces pauvres îles aux empires éloignés, ou se disputer entre eux au sujet des miettes qui étaient tombées de la table du grand vieux monde. Qu'il nous soit permis de considérer chaque classe à part : sans contestation, Torres et Mendáña les Espagnols en 1568 ; Tasman le Hollandais en 1645 ; et, Bougainville le Français en 1768, ouvrirent la marche ; mais le capitaine Cook, le grand navigateur Anglais en 1770, fut le premier qui explora la région, de la Nouvelle-Zélande aux îles Sandwich, de Tahiti à l'Australie. L'infortuné La Pérouse lui succéda et périt à Vanikoro en 1788, et dont le sort resta longtemps un mystère jusqu'au moment où Dillon, capitaine d'un bâtiment marchand, persuada le gouvernement du Bengale de lui donner un navire pour suivre les traces qui conduisirent à la découverte. D'Entrecastreaux avait été envoyé par la France pour faire des recherches, mais avait péri lui-même. Dumont d'Urville, en 1827, suivit les traces de Dillon jusqu'à la scène du désastre de La Pérouse et conduisit le fameux voyage d'exploration de l'*Astrolabe*. Le capitaine Wilkes de la marine des États-Unis fit son fameux voyage d'exploration. A ce moment les colonies anglaises s'établissaient en Australie et en Nouvelle-Zélande, et l'Océanie avait cessé d'être la région propre aux explorateurs. Les écrivains français se plaignent, avec justice, qu'ils ont pris une grande part aux premières explorations pour des résultats peu importants. Les Espagnols et les Hollandais qui étaient déjà auparavant venus sur les lieux, et dont le souvenir s'est perpétué dans tant de noms, n'ont absolument que ces noms pour les récompenser de leurs travaux, la vie et la mort de leurs grands hommes.

Aux explorateurs succédèrent de très bonne heure les missionnaires. Vers la fin du siècle dernier, la *London missionary society* envoya sa fameuse expédition sur le Duff, mais ce temps de la victoire arrivé; ils firent route par le Cap Horn et les îles de la Société et s'établirent dans les différents groupes de la Polynésie. Ce fut un long travail de foi et de patiente attente. De la Polynésie ils s'étendirent en Mélanésie et John Williams fut tué à Erromanga. Ils occupèrent les îles Loyalty et plus tard, trouvant que les Nouvelles-Hébrides et les îles Salomon étaient occupées par d'autres Sociétés missionnaires, ils passèrent à la côte sud de la Nouvelle-Guinée et aux îles du détroit de Torres qu'ils occupèrent en force.

La « *Wesleyan missionary society* » ne tarda pas à suivre les traces de la Société sœur et occupa les îles des Amis, les îles des Navigateurs, la Nouvelle-Zélande et l'archipel de Fiji. Leur base d'opération était à Sydney dans la Nouvelle-Galles du sud ; dans la suite ils envoyèrent des missionnaires pioniers aux îles de la Nouvelle-Bretagne, et du duc d'York sur la côte nord-est de la Nouvelle-Guinée.

L'Église épiscopale, par la « *Church missionary society* » envoya les premiers évangélisateurs chrétiens de Sydney en Nouvelle-Zélande et, après avoir dépensé bien des vies et de l'argent, finirent par faire une impression durable sur les habitants Maoris. C'est de la Nouvelle-Zélande qu'est sortie la romantique et chevaleresque mission mélanésienne dont les quartiers généraux sont à l'île Norfolk ; ils opérèrent alors dans les parties nord des Nouvelles-Hébrides, dans les îles Salomon et dans les plus petits groupes de Santa-Cruz et de Swallow : c'est là que tomba un des héros missionnaires des temps présents, l'évêque Patteson.

Les églises presbytériennes d'Australie et du Canada, s'unissant avec l'église libre d'Écosse, occupèrent la partie sud des Nouvelles-Hébrides et y continuèrent tranquillement leurs travaux. Dans l'île fatale d'Erromanga, sanctifiée par le sang de John Williams, tombèrent plus tard les deux frères Gordon du Canada ainsi que la femme de l'aîné des deux frères ; tous trois furent cruellement massacrés et dévorés. Chacune des églises protestantes de la Grande-Bretagne n'a pas hésité à sceller sa foi avec le sang de ses agents, ne demandant aucune revanche, ne cherchant aucune compensation, ne comptant pas chères leurs vies afin de pouvoir terminer leur course avec joie.

L'Église luthérienne de Hollande a depuis longtemps une mission d'hommes dévoués dans la baie de Geelwinck à l'extrémité nord-ouest de la Nouvelle-Guinée, travaillant parmi les Mafours : et maintenant dans cette portion de l'île qui est tombée sous le protectorat de l'Allemagne, trois missions allemandes ont été organisées. Au nord de l'Équateur, l' « *American board of missions* » a évangelisé avec succès les îles Sandwich, et la mission, s'étendant à l'ouest, a fondé des succursales dans les îles Gilbert, dans les îles Marshall et dans les îles Carolines.

C'est aux missionnaires de ces grandes sociétés de la Grande-Bretagne et de ses colonies et des États-Unis d'Amérique que nous sommes redevables de notre connaissance des langues de ces vastes régions océaniennes. Des traductions des Écritures-Saintes — en entier ou en parties — ont été publiées en plus de vingt de ces langues. Des tribus, à l'état de nudité sauvage, ont été amenées sous l'influence bienfaisante de la civilisation évangélique. Le cannibalisme, les sacrifices humains, la sorcellerie, le meurtre des enfants, ont disparu et à leur place, des habitudes de vie décente, le travail industrieux de chaque jour dans des occupations permises, les remplacent graduellement.

Aux émissaires de l'Église de Rome tombèrent en partage, à la suite de l'occupation originaire, le groupe des Marquises, la Nouvelle-Calédonie et les petites îles de Horn et Wallis, *alias* Foutouna et Ouvea. Leur objet a toujours été d'exclure l'idée libre et le jugement indépendant : et pendant qu'ils excluent *per fas aut nefas* tous les protestants de leur présence, poussent le cri fictif, pour eux, de tolérance, ils font leur possible pour jeter le trouble dans les congrégations protestantes. Dépendant toujours du pouvoir civil, nous trouvons le prêtre français incessamment intrigant pour la domination française et faisant son possible pour empêcher les protestants de se maintenir dans les îles françaises. D'un autre côté, il se sert sans reconnaissance et jusqu'aux dernières limites de la glorieuse liberté et de la tolérance qui sont les caractéristiques de toute dépendance anglaise. Dans l'Australie Occidentale, les prêtres espagnols dirigent une excellente institution pour les naturels à la Nouvelle-Norcia et à la satisfaction de tous. Quelques-uns ont perdu gaillardement la vie pour la grande cause. Tous ceux qui ont à cœur les intérêts des races inférieures, accueilleraient avec plaisir même la forme étroite du christianisme telle qu'elle est présentée par les prêtres aux pauvres narels sous la forme de croix, de prières en latin et de génuflections, parce que tout cela est accompagné par des leçons de moralité, de chasteté et des actes de bienfaisance : mais le prêtre français a l'art de prêcher partout non la religion du Christ, mais la religion de la France, accompagnée de faux miracles, de légendes ridicules, d'achât d'enfants esclaves toutes les fois que c'est possible et ne s'arrête jamais dans ses objurgations contre l'Angleterre, l'Amérique, et le Protestantisme.

Après les explorateurs et les missionnaires viennent les colons européens et les gouvernement européens ; dans ces derniers temps, ces derniers conduits par l'Allemagne ont produit une véritable chasse. La Grande-Bretagne a annexé l'Australie toute entière, la Tasmanie et la Nouvelle-Zélande, la côte sud de la Nouvelle-Guinée jusqu'au 140° degré de longitude orientale, l'Archipel des Fiji y compris Rotuma, et, par un dernier traité avec l'Allemagne, les îles méridionales du groupe des Salomon sont déclarées appartenir à la « sphère de son influence ». Cette expression est une phrase précieuse pour définir les limites du pillage, comme si une bande de voleurs se divisaient les différentes paroisses de Londres en différentes sphères d'influence prédatifère. La France a annexé la Nouvelle-Calédonie et les îles Loyalty, le groupe des Marquises et les

îles de la Société ainsi que les petites îles
de Horn et Wallis. La France a les yeux
sur la partie méridionale des Nouvelles-
Hébrides et il n'y a guère de doute que
d'ici peu nous n'apprenions que ce groupe
a été divisé en sphères d'influence française et anglaise. L'Allemagne a annexé
la partie de la Nouvelle-Guinée à l'est du
141° degrés de longitude orientale, les
îles de la Nouvelle-Bretagne, de la Nou-
velle-Irlande, du Nouveau-Hanôvre et de
l'Amirauté ; la partie nord du groupe des
îles Salomon et les îles Gilbert et Marshall
en Micronésie sont entrées dans la sphère
de son influence. La Hollande est considérée comme la protectrice de la Nouvelle-Guinée à l'ouest du 141° degré de
longitude orientale, aussi bien que des
îles adjacentes. L'Espagne maintient sa
possession sur les îles Carolines et les îles
Ladrones. Les îles Sandwich et le groupe
des Navigateurs conservent leur indépendance sous la garantie de l'Angleterre et
des États-Unis. Mais les autres groupes
non mentionnés sont dans un état pré-

caire, et tomberont sous la griffe de quelque grand pouvoir. Il faut cependant es-
pérer que les Républiques de l'Amérique
du Sud seront obligées de ne pas se montrer. C'est déjà un sort assez mauvais
pour le pauvre diable de gibier chassé de
tomber entre les machoires de grands
lions : mais être la proie de misérables
chacals ce serait ajouter l'insulte à l'in-
jure.

Mon opinion absolue, bien que je n'y
arrive qu'avec tristesse, est que la civilisation européenne se présente aux races
dans un état de culture peu avancée avec
des appendices si effrayants qu'il serait
mieux pour elles de ne pas l'avoir connue.
Durant bien des années ces îles ont servi
de refuge aux marins, déserteurs des
navires marchands, aux déserteurs de la
marine, hommes ayant trempé dans des
crimes et de coutumes dissolues. Ils ont
fait leur demeure parmi les naturels, sont
devenus pires qu'eux, les ont rendu eux-
mêmes pires qu'eux-mêmes, leur apprenant de nouveaux artifices, de nouveaux

vices, de nouveaux crimes. En son temps vinrent les navires en expédition du Queensland, pour enlever les gens du Fiji et même du Pérou. Quelquefois un homme de l'équipage était habillé de manière à ressembler à un missionnaire bien connu ou à un évêque, de manière à ne permettre aucun soupçon. De cette façon, des îles entières ont été dépeuplées de leur population mâle. Des langues ont actuellement cessé d'être parlées : un sentiment violent des torts est entré dans les esprits des survivants et des voisins se donnant cours en cruautés sur des Européens innocents, et, quand le travailleur revient dans son île, il est un homme changé, mais non pas pour le mieux : il a en abondance des armes à feu et de la poudre ; il a acquis les vices et l'état sauvage dissimulé de l'écumeur de mer européen de bas étage ; il n'a appris aucun métier utile, aucun art manufacturier, aucune méthode d'agriculture ; il revient pour trouver sa femme remariée puisque l'on supposait naturellement

qu'il était mort; il lui vient un sentiment des torts qu'il a éprouvés et ayant
les moyens de se venger, il profite de
l'opportunité.

Des bâtiments de guerre ont été en-
voyés en croisière, et des commandants
ont fait des investigations superficielles et
laissé entendre de bonnes paroles : d'autres ont bombardé les villages accessibles
de la mer; le marchand de liqueurs a ap-
porté ses marchandises mortelles pour
trafiquer avec les produits des naturels et
lui a donné des goûts nouveaux et fu-
nestes. Peut-on s'étonner que sous de tel-
les influences, la population ait disparu?
Un navire arrive de Sydney avec quelques
cas de petite vérole ou de rougeole à bord :
on ne prend aucune précaution pour pro-
téger les gens contre les risques de conta-
gion : chez ces races les maladies conta-
gieuses qui sont devenues héréditaires et
jusqu'alors ayant la possibilité d'être mi-
ses sous contrôle par les Européens, sont
absolument inconnues aussi bien dans
leurs symptômes que dans leurs remèdes.

A Fiji, 5o,ooo personnes sont mortes de la rougeole, car, aux premiers symptômes de première fièvre éruptive, ils se précipitaient, dans la mer et cela causait leur mort puisque l'eau froide faisait rentrer intérieurement l'éruption. Beaucoup des coutumes et des genres de vie familiers aux Européens paraissent calculés pour la destruction de ces naturels ; beaucoup de leurs propres coutumes conduisent au même résultat : et même l'adoption du vêtement européen, absolument impropre au climat conduit à des maladies ; il est notoire qu'après avoir eu des relations avec un Européen une femme du pays devient stérile quand elle s'unit à l'un de ses compatriotes. Il n'y a aucun doute sur le fait de la disparition graduelle et sur la certitude de l'extinction éventuelle de ces races dans un laps de temps que l'on peut calculer.

Je cite quelques lignes du journal de l'évêque Patteson : « Combien je pense à « ces îles! Et comme je vois ces plages de « coraux éclatants et de sable, bandes de

« soleil brulant bordant les massifs de
« forêts s'élèvant en chaînes de petites
« collines couvertes d'une abondante vé-
« gétation. Des centaines de personnes
« s'y pressent, nues, armées en poussant
« des cris bizarres et en faisant des gestes.
« Je ne puis leur parler que par signes :
« mais maintenant ce sont mes enfants.
« Que Dieu me permette de remplir mes
« devoirs envers eux !! »... Et cependant
affolés par les cruautés des voleurs d'hommes, ils l'ont tué. Quelques îles consistent
en chaînes de hautes montagnes. Sur
d'autres, sont des volcans toujours en état
d'éruption ; des îles sont basses, aussi
basses que le niveau de la mer : les arbres
ont l'air de pousser dans l'eau ; d'autres
ne sont que des atolls, cercles de coraux
entourant un lagon intérieur toujours
tranquille pendant que la mer fait furie
au-dehors.

Les premiers explorateurs, les visiteurs
d'occasion et les résidents de la dernière
période, paraissent ne s'être jamais fatigués
de décrire les beautés merveilleuses de ces

îles extraordinaires, enveloppées durant tant de siècles par l'inconnu aussi bien dans l'ancien que dans le nouveau monde. Les géographes grecs et romains avaient spéculé sur l'existence d'un continent antarctique et les poëtes des deux nations avaient rêvé des îles fortunées où la nature produisait sans travail tout ce qui est nécessaire à la vie : mais le secret ne fut révélé que quand l'heure eut sonné et le voile se leva qui avait couvert cette multitude d'îles émaillant le Pacifique : l'existence des tribus, des langues et des coutumes se révéla dans la vierge fraîcheur et dans la nouveauté d'une culture intellectuelle absolument nouvelle, inconsciente de la discipline des siècles qui avait endurci et raffiné les nations de l'Asie et de l'Europe. Et cependant on trouva parmi eux quelques individus capables de s'abaisser jusqu'au degré des mauvais démons et d'autres d'être élevés à la dignité de chrétiens croyants. En aucune partie du monde ne s'est manifesté l'immense pouvoir vivifiant de l'É-

vangile par son action sur l'âme igno-
rante comme cela résulte des récits de tous
les missionnaires protestants et catholiques romains dans ces régions. Il a été
donné à ces naturels de connaître la subli-
mité du système des instructeurs indigènes
et de greffer un arbre qui a pu produire des
confesseurs et des martyrs sur un tronc
qui n'avait jamais produit que des idolâtres tachés de sang et cannibales. L'histoire des grandes possibilités de l'espèce
humaine aurait été incompléte, si nous
n'avions pas été informés dans ces derniers temps, que des cannibales convertis
avaient gagné l'estime et l'amour des
missionnaires anglais aussi bien avant
qu'après leur conversion, La divinité de
l'Évangile n'aurait pas été entièrement
appréciée, si nous n'avions pas su que ces
naturels Polynésiens hardis, accompagnés
de leurs braves et croyantes femmes chré-
tiennes s'étaient fait débarquer de leur
propre volonté sur les côtes d'une île de
sauvages sanguinaires, sachant qu'il n'y
avait pour eux que deux alternatives, soit

d'être tués et dévorés longtemps avant le retour du navire de la mission l'année suivante ; soit, que par la grâce de Dieu, travaillant par leur faible parole, par leur exemple humble et continu, ils puissent obtenir une telle influence sur les sauvages et les transformer en hommes nouveaux en apprenant aux hommes à être forts sans être cruels et aux femmes à être aimantes et tendres sans être dissolues. Et ils réussissaient : ils enseignaient à leurs compatriotes à couvrir leurs nudités, â abandonner leurs mauvaises coutumes, à se soumettre aux lois de la monogamie, à briser leurs idoles de bois et de pierre, à élever le symbole de la croix et enfin à aimer la Bible, traduite consciencieusement dans leur propre et belle langue de telle manière que ni le géant-payen à Madagascar, ni le géant-pape à Tahiti ne puisse l'arracher de leurs mains ni de leurs cœurs. Le cœur se réveille dans une surprise joyeuse quand il lit de pareilles choses. Tous ceux qui ont été engagés dans cette œuvre bénie, chantent le même psaume triomphant. Le même courant de musique de remerciements s'entend dans tous leurs récits.

Sans doute, ceux qui aiment leur Maître et croient en ses précieuses promesses, se réjouiront quand une pauvre île, après une dépense de travail et de vies chères, est ajoutés à son royaume. La valeur des âmes rachetées ne peut être évaluée dans les balances de la terre ni par les calculs des hommes. Le Seigneur connaît celles qui sont siennes. Mais c'est une cause d'encouragement pour le futur et de remerciement pour le passé de tourner les yeux vers cette chaîne de missions répandues comme un collier de perles, depuis les rivages de la Nouvelle-Guinée et l'Australie, jusqu'aux portes de l'Orient à l'île de Pâques, touchant presque à l'Amérique du Sud. Notre connaissance des langues et des coutumes de ces races est due uniquement aux missionnaires. La civilisation de ces confins du monde ne devait pas s'accomplir avec des canons ou des bâtiments de guerre. Le commerce, la science du gouvernement ou la colonisation ne pouvaient aider ces races condamnées durant la courte période d'existence qui leur est laissée par la loi immuable du progrès : ils ont plutôt aidé à leur destruction en substituant le rhum, la poudre et les maladies honteuses au cannibalisme, aux sacrifices humains et à la sorcellerie. Mais l'esprit missionnaire en Europe et en Amérique s'est montré au niveau des circonstances et une voix plus forte que celle de la soif de l'or, de l'avarice terrestre et de l'annexion s'est fait entendre. Au lieu de chercher de l'or, le missionnaire avec son cœur ouvert à tous, a donné quelque chose de meilleur que l'or fin : au lieu d'envoyer des gouverneurs étrangers et des capitaines pour dominer ces tribus, un empire pour le bien a été établi sur leurs âmes par des hommes de leur propre couleur et de leur propre race, mais transformés en anges de lumière par l'influence vivifiante du Saint-Es=

prit. Au lieu d'essayer d'annexer ces îles éloignées à un royaume terrestre, les messagers des bonnes nouvelles ont donné à ces habitants des confins du monde, une place dans le royaume des cieux. Un rayon de lumière est sorti sur les eaux pour marquer le passage du navire missionnaire, la lumière de la connaissance humaine, la culture chrétienne et le pardon divin. Le seul grand but de l'existence humaine est de découvrir la connaissance de Dieu aux prises avec ses créatures, et le seul grand devoir de ces créatures est d'aimer, d'honorer et d'adorer ce grand Créateur aujourd'hui, pour la première fois, connu. Ce but a été atteint : le devoir a été rempli. *Laus Deo!*

Londres, le 5 mai 1887.

ROBERT CUST.